MW01392883

Copyright © 2020 by Thandee & Jaymee

Presented to:

_____

_____

Having You on our Team makes all The Difference.
Thanks for all You Do.

ALL IS WELL

_____

_____

_____

_____

_____

_____

_____

_____

_____

_____

_____

_____

_____

_____

_____

TODAY I'M GRATEFUL FOR

ALWAYS BE YOURSELF

_____

_____

_____

_____

_____

_____

_____

_____

_____

_____

_____

_____

_____

_____

_____

_____

TODAY I'M GRATEFUL FOR

ALWAYS DELIVER QUALITY

_____

_____
_____
_____
_____
_____
_____
_____
_____
_____
_____
_____
_____
_____
_____

TODAY I'M GRATEFUL FOR

APPRECIATE THE MOMENT

_____

_____

_____

_____

_____

_____

_____

_____

_____

_____

_____

_____

_____

_____

TODAY I'M GRATEFUL FOR

AUDIT YOUR MISTAKES

_____

_____

_____

_____

_____

_____

_____

_____

_____

_____

_____

_____

_____

_____

_____

_____

TODAY I'M GRATEFUL FOR

BE A GIVER

_____

_____

_____

_____

_____

_____

_____

_____

_____

_____

_____

_____

_____

_____

_____

_____

TODAY I'M GRATEFUL FOR

BE A GOAL GETTER!

_____

_____

_____

_____

_____

_____

_____

_____

_____

_____

_____

_____

_____

_____

_____

TODAY I'M GRATEFUL FOR

Be constantly curious

_____

_____

_____

_____

_____

_____

_____

_____

_____

_____

_____

_____

_____

_____

TODAY I'M GRATEFUL FOR

Be here now

_____

_____
_____
_____
_____
_____
_____
_____
_____
_____
_____
_____
_____
_____
_____
_____
_____
_____

TODAY I'M GRATEFUL FOR

BE THE CHANGE

_____

_____
_____
_____
_____
_____
_____
_____
_____
_____
_____
_____
_____
_____
_____

TODAY I'M GRATEFUL FOR

Be the best version of you!

_____

_____

_____

_____

_____

_____

_____

_____

_____

_____

_____

_____

_____

_____

_____

TODAY I'M GRATEFUL FOR

Be obsessively grateful

TODAY I'M GRATEFUL FOR

BELIEVE IN YOURSELF

_____

_____

_____

_____

_____

_____

_____

_____

_____

_____

_____

_____

_____

_____

_____

TODAY I'M GRATEFUL FOR

BELIEVE YOU CAN

_____

_____

_____

_____

_____

_____

_____

_____

_____

_____

_____

_____

_____

_____

_____

_____

TODAY I'M GRATEFUL FOR

Block out haters

_____

_____
_____
_____
_____
_____
_____
_____
_____
_____
_____
_____
_____
_____
_____

TODAY I'M GRATEFUL FOR

Brainstorm alternative ideas

_____

_____
_____
_____
_____
_____
_____
_____
_____
_____
_____
_____
_____

TODAY I'M GRATEFUL FOR

BRANDING IS ESSENTIAL

Build quality relationships

_____

_____
_____
_____
_____
_____
_____
_____
_____
_____
_____
_____
_____
_____
_____
_____

TODAY I'M GRATEFUL FOR

Build strategic partnerships

_____

_____

_____

_____

_____

_____

_____

_____

_____

_____

_____

_____

_____

_____

TODAY I'M GRATEFUL FOR

Celebrate all success

_____

_____

_____

_____

_____

_____

_____

_____

_____

_____

_____

_____

_____

_____

TODAY I'M GRATEFUL FOR

COMMUNICATE WITH CLARITY

_____

_____

_____

_____

_____

_____

_____

_____

_____

_____

_____

_____

_____

_____

_____

_____

TODAY I'M GRATEFUL FOR

COMPETITION FUELS GROWTH

_____

_____

_____

_____

_____

_____

_____

_____

_____

_____

_____

_____

_____

_____

_____

_____

_____

TODAY I'M GRATEFUL FOR

CONQUER FROM WITHIN

_____

_____
_____
_____
_____
_____
_____
_____
_____
_____
_____
_____
_____
_____
_____

TODAY I'M GRATEFUL FOR

CONNECTION BUILDS TRUST

_____

_____

_____

_____

_____

_____

_____

_____

_____

_____

_____

_____

_____

_____

TODAY I'M GRATEFUL FOR

Count your blessings

_____

_____

_____

_____

_____

_____

_____

_____

_____

_____

_____

_____

_____

_____

_____

TODAY I'M GRATEFUL FOR

DARE TO SUCK

_____

_____

_____

_____

_____

_____

_____

_____

_____

_____

_____

_____

_____

_____

_____

_____

_____

TODAY I'M GRATEFUL FOR

DO IT NOW

_____

_____

_____

_____

_____

_____

_____

_____

_____

_____

_____

_____

_____

_____

_____

_____

TODAY I'M GRATEFUL FOR

DREAMS COME TRUE

_____

_____

_____

_____

_____

_____

_____

_____

_____

_____

_____

_____

_____

_____

_____

_____

_____

TODAY I'M GRATEFUL FOR

EMBRACE CONSTANT CHANGE

TODAY I'M GRATEFUL FOR

ENJOY LIFE

_____

_____

_____

_____

_____

_____

_____

_____

_____

_____

_____

_____

_____

_____

_____

_____

TODAY I'M GRATEFUL FOR

EVERY MOMENT MATTERS

_____

_____
_____
_____
_____
_____
_____
_____
_____
_____
_____
_____
_____
_____
_____

TODAY I'M GRATEFUL FOR

EXCEPTIONAL MAKES MEMORABLE

_____

_____

_____

_____

_____

_____

_____

_____

_____

_____

_____

_____

_____

TODAY I'M GRATEFUL FOR

Exclusivity adds value

TODAY I'M GRATEFUL FOR

FEED YOUR SOUL

_____

_____

_____

_____

_____

_____

_____

_____

_____

_____

_____

_____

_____

_____

_____

_____

TODAY I'M GRATEFUL FOR

FOCUS AND WIN

_____

_____

_____

_____

_____

_____

_____

_____

_____

_____

_____

_____

_____

TODAY I'M GRATEFUL FOR

FRIENDS ARE TREASURES

_____

_____
_____
_____
_____
_____
_____
_____
_____
_____
_____
_____
_____
_____

TODAY I'M GRATEFUL FOR

GOOD VIBES ONLY

_____

_____
_____
_____
_____
_____
_____
_____
_____
_____
_____
_____
_____
_____
_____
_____
_____
_____

TODAY I'M GRATEFUL FOR

Grace under pressure

_____

_____
_____
_____
_____
_____
_____
_____
_____
_____
_____
_____
_____
_____
_____

TODAY I'M GRATEFUL FOR

Go for it

_____

_____

_____

_____

_____

_____

_____

_____

_____

_____

_____

_____

_____

_____

TODAY I'M GRATEFUL FOR

HANDLE BREAKDOWNS IMMEDIATELY

_____

_____

_____

_____

_____

_____

_____

_____

_____

_____

_____

_____

_____

TODAY I'M GRATEFUL FOR

Happiness is Choice

_____

_____

_____

_____

_____

_____

_____

_____

_____

_____

_____

_____

_____

_____

TODAY I'M GRATEFUL FOR

HEALTH IS WEALTH

_____

_____

_____

_____

_____

_____

_____

_____

_____

_____

_____

_____

_____

_____

_____

_____

TODAY I'M GRATEFUL FOR

HOPE TRUMPS ALL

_____

_____

_____

_____

_____

_____

_____

_____

_____

_____

_____

_____

_____

_____

_____

_____

TODAY I'M GRATEFUL FOR

I'M DETERMINED

_____

_____
_____
_____
_____
_____
_____
_____
_____
_____
_____
_____
_____
_____

TODAY I'M GRATEFUL FOR

IDENTIFY KEY MILESTONES

_____

_____

_____

_____

_____

_____

_____

_____

_____

_____

_____

_____

_____

_____

_____

_____

_____

TODAY I'M GRATEFUL FOR

IT IS POSSIBLE

TODAY I'M GRATEFUL FOR

JUST BE AWESOME

_____

_____

_____

_____

_____

_____

_____

_____

_____

_____

_____

_____

_____

_____

_____

TODAY I'M GRATEFUL FOR

KEEP IT COOL

_____

_____

_____

_____

_____

_____

_____

_____

_____

_____

_____

_____

_____

TODAY I'M GRATEFUL FOR

KEEP MOVING FORWARD

_____

_____

_____

_____

_____

_____

_____

_____

_____

_____

_____

_____

_____

_____

_____

_____

TODAY I'M GRATEFUL FOR

Keep morale high

_____

_____

_____

_____

_____

_____

_____

_____

_____

_____

_____

_____

_____

_____

_____

TODAY I'M GRATEFUL FOR

KEEP ON SHINING!

_____

_____

_____

_____

_____

_____

_____

_____

_____

_____

_____

_____

_____

_____

TODAY I'M GRATEFUL FOR

KEEP THE FAITH

_____

_____
_____
_____
_____
_____
_____
_____
_____
_____
_____
_____
_____
_____
_____

TODAY I'M GRATEFUL FOR

Laughter and Blessings

_____

_____

_____

_____

_____

_____

_____

_____

_____

_____

_____

_____

_____

_____

_____

TODAY I'M GRATEFUL FOR

LAUGHTER IS BEST

_____

_____
_____
_____
_____
_____
_____
_____
_____
_____
_____
_____
_____
_____
_____

TODAY I'M GRATEFUL FOR

Laughter is medicine

_____

_____
_____
_____
_____
_____
_____
_____
_____
_____
_____
_____
_____
_____
_____
_____
_____
_____
_____

TODAY I'M GRATEFUL FOR

TODAY I'M GRATEFUL FOR

LEARN FROM YESTERDAY

_____

_____

_____

_____

_____

_____

_____

_____

_____

_____

_____

_____

_____

_____

TODAY I'M GRATEFUL FOR

LIFE IS AWESOME

TODAY I'M GRATEFUL FOR

Life won't wait

_____

_____
_____
_____
_____
_____
_____
_____
_____
_____
_____
_____
_____
_____
_____
_____
_____

TODAY I'M GRATEFUL FOR

LIVE LIFE DAILY

_____

_____
_____
_____
_____
_____
_____
_____
_____
_____
_____
_____
_____
_____

TODAY I'M GRATEFUL FOR

LIVE, LOVE, LAUGH

LIVE YOUR POTENTIAL

TODAY I'M GRATEFUL FOR

MAINTAIN YOUR INTEGRITY

_____

_____

_____

_____

_____

_____

_____

_____

_____

_____

_____

_____

_____

_____

_____

_____

_____

TODAY I'M GRATEFUL FOR

MANAGE YOUR REPUTATION

_____

_____

_____

_____

_____

_____

_____

_____

_____

_____

_____

_____

_____

_____

TODAY I'M GRATEFUL FOR

Manage resources effectively

Mastery abhors mediocrity

_____

_____

_____

_____

_____

_____

_____

_____

_____

_____

_____

_____

_____

_____

_____

_____

_____

_____

_____

_____

TODAY I'M GRATEFUL FOR

MODEL THE MASTERS

_____

_____
_____
_____
_____
_____
_____
_____
_____
_____
_____
_____
_____
_____
_____
_____

TODAY I'M GRATEFUL FOR

Money amplifies emotions

_____

_____

_____

_____

_____

_____

_____

_____

_____

_____

_____

_____

_____

_____

_____

_____

_____

TODAY I'M GRATEFUL FOR

Monitor budgets regularly

NEVER GIVE UP

Never look back

_____

_____

_____

_____

_____

_____

_____

_____

_____

_____

_____

_____

_____

_____

_____

TODAY I'M GRATEFUL FOR

Nothing is Impossible

_____

_____

_____

_____

_____

_____

_____

_____

_____

_____

_____

_____

_____

_____

TODAY I'M GRATEFUL FOR

NOW OR NEVER

_____

_____

_____

_____

_____

_____

_____

_____

_____

_____

_____

_____

_____

_____

_____

TODAY I'M GRATEFUL FOR

NURTURE YOUR BEST

_____

_____
_____
_____
_____
_____
_____
_____
_____
_____
_____
_____
_____
_____
_____
_____
_____
_____
_____

TODAY I'M GRATEFUL FOR

PASSION IS ENROLLING

_____

_____
_____
_____
_____
_____
_____
_____
_____
_____
_____
_____
_____
_____
_____
_____
_____

TODAY I'M GRATEFUL FOR

Peace, love & happiness

PERFECTIONISM STALLS PROGRESS

PRIORITIZE ALL TASKS

_____

_____
_____
_____
_____
_____
_____
_____
_____
_____
_____
_____
_____
_____
_____
_____

TODAY I'M GRATEFUL FOR

Reduce your overheads

_____

_____

_____

_____

_____

_____

_____

_____

_____

_____

_____

_____

_____

_____

TODAY I'M GRATEFUL FOR

REMEMBER TO LIVE

_____

_____

_____

_____

_____

_____

_____

_____

_____

_____

_____

_____

_____

TODAY I'M GRATEFUL FOR

Reward high performance

_____

_____
_____
_____
_____
_____
_____
_____
_____
_____
_____
_____
_____
_____
_____
_____

TODAY I'M GRATEFUL FOR

SEIZE THE DAY

_____

_____

_____

_____

_____

_____

_____

_____

_____

_____

_____

_____

_____

_____

_____

_____

_____

_____

TODAY I'M GRATEFUL FOR

Set clear targets

_____

_____

_____

_____

_____

_____

_____

_____

_____

_____

_____

_____

_____

_____

_____

TODAY I'M GRATEFUL FOR

SETTLE YOUR DEBTS

_____

_____

_____

_____

_____

_____

_____

_____

_____

_____

_____

_____

_____

_____

TODAY I'M GRATEFUL FOR

Speak the truth

STOP UNDERESTIMATING YOURSELF

_____

_____

_____

_____

_____

_____

_____

_____

_____

_____

_____

_____

_____

_____

_____

TODAY I'M GRATEFUL FOR

Success breeds success

_____

_____

_____

_____

_____

_____

_____

_____

_____

_____

_____

_____

_____

_____

Today I'm grateful for

SUCCESS IS YOURS

_____

_____
_____
_____
_____
_____
_____
_____
_____
_____
_____
_____
_____

TODAY I'M GRATEFUL FOR

TAKE THE RISK

_____

_____

_____

_____

_____

_____

_____

_____

_____

_____

_____

_____

_____

_____

_____

_____

_____

TODAY I'M GRATEFUL FOR

Teamwork makes the dream work

_____

_____
_____
_____
_____
_____
_____
_____
_____
_____
_____
_____
_____
_____
_____
_____
_____

TODAY I'M GRATEFUL FOR

TIME HEALS EVERYTHING

_____

_____

_____

_____

_____

_____

_____

_____

_____

_____

_____

_____

_____

_____

_____

_____

TODAY I'M GRATEFUL FOR

THINK OUTSIDE THE BOX

_____

_____

_____

_____

_____

_____

_____

_____

_____

_____

_____

_____

_____

_____

TODAY I'M GRATEFUL FOR

TRACK ALL PROGRESS

_____

_____
_____
_____
_____
_____
_____
_____
_____
_____
_____
_____
_____
_____
_____
_____
_____
_____

TODAY I'M GRATEFUL FOR

VALUE YOUR TIME

_____

_____

_____

_____

_____

_____

_____

_____

_____

_____

_____

_____

_____

_____

_____

TODAY I'M GRATEFUL FOR

WINNERS NEVER QUIT

_____

_____

_____

_____

_____

_____

_____

_____

_____

_____

_____

_____

_____

_____

_____

_____

_____

TODAY I'M GRATEFUL FOR

YES, YOU CAN!

_____

_____
_____
_____
_____
_____
_____
_____
_____
_____
_____
_____
_____
_____

TODAY I'M GRATEFUL FOR

You're awesome and I know it!

_____

_____

_____

_____

_____

_____

_____

_____

_____

_____

_____

_____

_____

_____

_____

TODAY I'M GRATEFUL FOR

YOU'VE GOT THIS!

_____

_____

_____

_____

_____

_____

_____

_____

_____

_____

_____

_____

_____

_____

TODAY I'M GRATEFUL FOR

Made in the USA
Monee, IL
21 August 2022

12094418R00057